AF359648

PETIT

CATÉCHISME POLITIQUE

A L'USAGE

DES ÉLECTEURS CORSES

PETIT

CATÉCHISME POLITIQUE

A L'USAGE

DES ÉLECTEURS CORSES

PAR

SAMPIERO VALGONESI

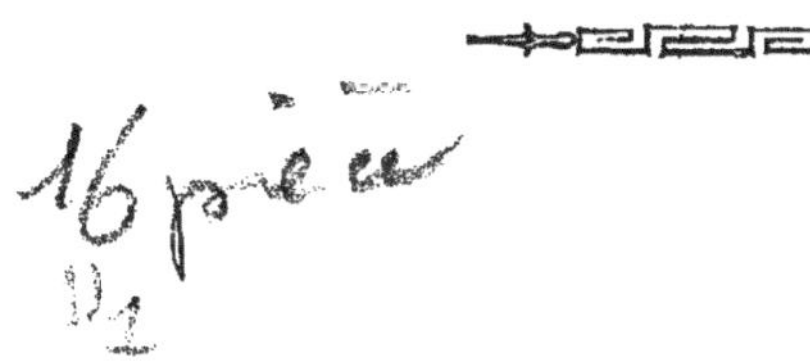

PARIS

LIBRAIRIE LÉON VANIER

19, QUAI SAINT-MICHEL, 19

1879

BIONDI ET SAMPIERO VALGONESI

Biondi. — Eh bien, Monsieur le Parisien, vous voilà content, n'est-ce pas ? Votre République est enfin fondée ! Mon Dieu ! Allons-nous être heureux !

Sampiero. — Au moins, le serons-nous plus que sous l'Empire, mon ami.

Biondi. — En êtes-vous bien sûr ?

Sampiero. — Autant qu'un homme raisonnable peut l'être.

Biondi. — Et sur quoi basez-vous votre opinion ?

Sampiero. — Ah, çà ! où voulez-vous en venir ? Est-ce un entretien politique que vous provoquez ?

Biondi. — Peut-être. Car je serais vraiment curieux de connaître enfin les raisons qui vous inspirent un si grand amour de la République.

Sampiero. — Je puis satisfaire votre curiosité, mais à une condition : c'est que vous accepterez les conséquences pratiques de notre entretien, c'est-à-dire que vous adhérerez à mes principes politiques, si vous les jugez meilleurs que les vôtres, et que vous ne craindrez pas de devenir républicain, si je vous démontre que la République est préférable à l'Empire.

Biondi. — Cela est trop juste, mon cher Sampiero : je vous en donne ma parole d'honneur.

Sampiero.—Si je me permets d'exiger cette condition,

c'est parce que je regretterais de voir un honnête homme comme vous manquer, par un sentiment de fausse honte, à sa conscience et à sa dignité, en refusant de se rendre à l'évidence. A quoi nous servirait, du reste, d'avoir une raison, laquelle seule constitue notre qualité d'homme, si nous devions ne pas suivre ses conseils et ses ordres?

Biondi. — Soyez persuadé que, si vous parvenez à me convaincre, je n'hésiterai pas un instant à embrasser la cause que vous défendez avec tant d'énergie. Je regarderai même comme un devoir d'affirmer tout haut mes nouvelles convictions politiques.

Sampiero. — Ce langage, que je loue, ne m'étonne point de votre part. Reconnaître son erreur, c'est témoigner d'une grande noblesse d'âme, et il n'appartient qu'à un cœur honnête et à un caractère ferme et élevé de réagir contre les impulsions de l'amour-propre et du respect humain.

Biondi. — Il y a cependant des questions sur lesquelles je ne transigerai jamais. Ce sont les questions d'honneur.

Sampiero. — D'accord; mais il s'agira ici de distinguer les préjugés d'avec les véritables questions d'honneur. Dans le cours de notre conversation, nous aurons sans doute l'occasion de revenir sur ce sujet; en attendant, je ne vous demande qu'une chose : votre bonne volonté.

Biondi. — Je suis d'autant mieux disposé à vous écouter que je provoque moi-même cet entretien. Toutefois, je dois vous prévenir que je n'entends pas me livrer sans combattre.

Sampiero. — Défendez votre opinion avec opiniâtreté ; mais ne fermez pas volontairement les yeux à la lumière. Un homme qui s'entête aveuglément ne prouve que sa mauvaise foi ou sa stupidité. Je me plais donc à

croire qu'une fois converti à mes idées, **car j'ai l'espoir**
de vous convertir, vous ferez sans regret le sacrifice de
vos convictions actuelles, en vous souvenant que la vérité s'établit toujours sur les débris de l'erreur. Religion,
politique, mœurs, sciences, littératures, arts, tout, en
effet, a changé ici-bas et changera avec les siècles.

Biondi. — Malgré toutes ces belles paroles, nous ne
sommes pas, ne vous en déplaise, aussi inintelligents
qu'on veut bien le supposer. Ici on est sérieux, positif et
moins léger qu'ailleurs : nous jugeons sainement les
hommes et les choses.

Sampiero. — Vous le croyez du moins ; et cela devrait être, car le Corse est intelligent. Mais les préjugés,
les passions les plus violentes, des haines, des inimitiés
locales égarent la plupart des esprits. Ce sont là autant
de causes d'erreurs. Aussi notre tâche sera-t-elle dure.
Il faudra nous armer d'une grande ténacité et combattre
avec ardeur et persévérance pour remplir notre devoir
jusqu'au bout, pour atteindre un bon résultat, pour par-
venir à extirper les mauvaises herbes, comme le bon la-
boureur, afin de pouvoir semer le bon grain. De même
que l'homme n'acquiert le bien-être matériel qu'à la
sueur de son front, de même il n'achète la plus faible
victoire morale que moyennant les plus grands efforts et
il ne fait avancer d'un seul pas le progrès qu'au prix de
bien des larmes et souvent au prix de son sang.

Biondi. — Le Corse ne versera jamais son sang que
pour l'empire, pour le pauvre orphelin qui attend à Chis-
lehurst !

Sampiero. — Ou pour la République, si son gouvernement lui semble préférable.

Biondi. — Jamais le Corse n'aimera la République ;
car, sauf quelques rares exceptions dans lesquelles je
vous comprends, les républicains sont tous des coquins.

Sampiero.—Halte-là ! mon ami. Dans un instant, je vous prouverai le contraire. Voulez-vous raisonner, comme vous me l'avez promis, et avoir un peu de patience ?

Biondi. — Puisque vous me le demandez, je consens à me contenir. Mais sur qui comptez-vous pour répandre vos idées dans nos campagnes ?

Sampiero. — Sur tous les honnêtes gens. Leur concours me sera d'autant plus précieux que vous devez tous avoir à cœur d'effacer la mauvaise réputation qui s'était attachée au nom Corse, à raison du nombre considérable de nos compatriotes qui avaient été recrutés pour la police impériale. Car, vous l'avez entendu dire, notre nom était devenu synonyme de policier et de mouchard, et nous étions partout l'objet d'une véritable suspicion. Notre caractère a été ravalé : il est temps de prouver que, s'il y a eu exceptionnellement parmi nous des policiers animés d'un dévouement aveugle pour l'empire, il y a aussi, il y a surtout des hommes qui préfèrent leur dignité, leur honneur et leur indépendance à un César ou à un Napoléon.

Biondi. — Mais il me semble que nous devions nous estimer très-heureux de servir Napoléon III ; c'était d'ailleurs notre droit et notre devoir. En veillant sur sa personne, nous défendions à la fois notre Souverain, un homme au cœur généreux et un ami des peuples. N'est-ce pas lui qui a fait la guerre d'Italie pour délivrer ce pays de la domination autrichienne ?

Sampiero. — C'est de votre part une généreuse illusion. Mais interrogez mieux votre conscience : le véritable devoir d'un honnête citoyen, celui qui doit primer tous les autres, c'est de ne pas servir la personne d'un despote. Homme libre, vous comprenez cela ; vous le comprendrez encore mieux tout à l'heure, quand je vous aurai montré combien l'empire était haïssable. Pour le moment, permettez-moi de vous dire que vous ne connaissez pas les mobiles intimes qui ont déterminé Napoléon III à entreprendre cette guerre.

L'attentat d'Orsini avait été un avertissement salutaire pour l'empereur dont la perte était jurée par ces *Patriotes italiens* qui ne lui pardonnaient pas d'avoir détruit la République Romaine en 1849 et qui cherchaient à frapper dans sa personne autant l'ennemi de l'indépendance de leur pays que celui de toutes les libertés. Napoléon savait pertinemment que ses jours étaient menacés et si, d'une part, il trouvait le peuple français doux et patient, de l'autre, il connaissait trop les Italiens pour ne pas vivre dans une perpétuelle anxiété. Leur amour de la liberté était si grand à ses yeux, qu'il tremblait sur son trône, en pensant à ces anciens *Carbonari* dont il avait fait partie, à ces courageux adeptes de la *Jeune Italie*, à tous ces braves patriotes que l'Europe n'a peut-être pas assez admirés et qui, pour la délivrance de leur pays, ont supporté si dédaigneusement les plus dures souffrances : la prison, l'exil et la mort.

Ce n'est pas uniquement pour délivrer les Italiens, mais surtout dans l'espoir de désarmer les bras tournés contre lui que votre empereur, à qui vous faites honneur d'une générosité de sentiments qu'il n'eut pas, combattit l'Autriche en 1859. — L'attentat d'Orsini l'avait, en effet, tellement épouvanté que, malgré l'affreuse loi de sûreté générale qu'il fit voter, il ne se crut plus à l'abri des coups qui le menaçaient dans l'ombre.

Autre conséquence de cet attentat : Napoléon III, obéissant un peu plus tard à une vive réaction qui s'opéra dans ses idées, crut prudent de rendre à la France quelques-unes des libertés qu'il avait confisquées pour rétablir l'Empire.

Biondi. — Croyez-vous donc qu'il n'aurait pas pu

continuer de régner sans donner satisfaction à l'opinion publique?

Sampiero. — Non, écoutez-moi. Le temps est passé où les tyrans pouvaient opprimer en toute sécurité leurs sujets. Avant la chute de la monarchie en France, l'ignorance et les difficultés de communications isolaient les habitants d'un même pays et encore davantage les peuples, les uns des autres. Les rois qui se partageaient l'Europe, n'avaient donc rien à craindre ; quand la révolution frappait à la porte de leurs palais, cette révolution venait des classes élevées plutôt que du peuple proprement dit. Mais, depuis notre immortelle Révolution, depuis surtout que les chemins de fer, la navigation à vapeur, le télégraphe, l'industrie et le commerce ont rapproché les peuples et leurs intérêts ; depuis que le Français, l'Allemand, l'Anglais, l'Italien, l'Américain et le Russe ont les moyens de se visiter facilement et d'échanger leurs idées ; depuis que tant de progrès se sont réalisés et que l'instruction pénètre dans les masses, le despotisme a fini son temps. Des mesures de rigueur peuvent bien être prises par tel pouvoir arbitraire ; mais jamais un gouvernement quelconque ne vivra longtemps sans une constitution libérale. Admettez un instant qu'un gouvernement absolu vienne à s'emparer de la France ; comment ce gouvernement pourra-t-il s'implanter dans un pays entouré de peuples libres, tels que l'Italie, la Belgique, la Suisse et l'Angleterre ? A moins que ce pouvoir ne détruise toutes relations commerciales et industrielles entre la France et les autres pays, à moins qu'il ne nous isole du reste de l'Europe, pourrait-il empêcher les idées de liberté de franchir, tôt ou tard, la frontière, de se répandre dans nos villes et nos campagnes et de briser tous les obstacles ? Et d'ailleurs serait-il possible à un gouvernement, quel qu'il soit, d'étouffer ces idées en France ? Non, pas plus qu'il ne lui serait possible de couper nos relations internationales, toute tentative dans ce dernier but étant condamnée d'avance, puisqu'elle provoquerait l'explosion immédiate de la plus dangereuse des révoltes : celle des intérêts et des besoins. La liberté d'un peuple est donc indispensable à l'existence d'un gouvernement moderne. Napoléon III le comprenait si bien qu'au bout de quelques années de règne, il crut devoir songer, je le répète, à donner un semblant de liberté, afin de rallier l'opinion publique à sa cause et de prévenir, en même temps, les attentats probables contre sa personne.

Biondi. — Il aurait au moins pu continuer de régner après avoir accordé toutes sortes de libertés.

Sampiero — En fait de libertés, le gouvernement impérial ne pouvait nous donner que de la fausse monnaie. Vous imaginez-vous un Empire sans préfets à poigne, sans candidats officiels, sans oppression administrative, un Empire avec des fonctionnaires responsables, avec un contrôle public de ses actes, avec les libertés dont un peuple a besoin pour ne pas étouffer, et avec la principale de ces libertés, celle de la presse qui, quoique encore limitée, nous permet aujourd'hui de défendre nos intérêts, de dénoncer et d'attaquer un abus ou une injustice? Mais l'Empire, appelé à vivre dans ces conditions, n'aurait pu avoir qu'une existence éphémère et contradictoire. Par la force même des choses et peut-être pacifiquement, il eût abouti plus ou moins vite à ce dénouement logique et inévitable : la République, seule dépositaire de nos libertés. Ainsi, qu'il voulût ou non restituer à la nation ses droits, Napoléon III devait fatalement tomber, comme tombera désormais en France tout monarque, empereur ou roi, qu'un malheur imprévu viendrait à nous imposer.

Biondi. — Allez-vous conclure que son fils ne pourra, en aucun cas, régner longtemps ?

Sampiero. — Si ce jeune homme a quelque désir de finir tranquillement le nombre d'années que la nature lui réserve, je ne lui souhaite pas de sacrifier son repos à une ambition aussi folle qu'irréalisable.

Biondi. — Pourquoi dites-vous irréalisable ? L'Empire peut revenir, il reviendra.

Sampiero. — Quel éclat de rire accueillerait vos paroles, si elles étaient prononcées dans une société de personnes éclairées et désintéressées ! Napoléon III a pu faire le Deux Décembre, parce qu'il avait le pouvoir en mains et que son nom était encore respecté et aimé. Son fils ne pourra jamais réussir par un coup de force, parce que son nom a perdu tout prestige, dans le reste de la France, qu'il ne sera jamais chef provisoire de l'État, et qu'en outre l'idée républicaine a fait et continue à faire des progrès immenses dans les campagnes. Je ne discute pas la question de savoir s'il peut revenir par voie d'élection ; car vous avez pu constater, depuis huit ans, qu'au fur et à mesure que le pays s'éclaire, le suffrage universel librement consulté est de plus en plus hostile aux partisans de l'Empire. Quelle preuve plus éclatante pouvez-vous en demander que celle du résultat des dernières élections sénatoriales, où le parti bonapartiste n'a pas été vaincu, mais écrasé ?

Biondi. — Nos députés nous prédisent l'avénement prochain de l'Empire ; nous y croyons comme eux.

Sampiero. — Naïfs ! Vos députés ont intérêt à tenir ce langage, parce qu'ils savent que vous en nommerez d'autres à leur place, le jour où vous serez convaincus de l'impossibilité du retour de l'Empire. En réalité, nos ancêtres nous ont transmis un sang républicain. Si les Corses sont bonapartistes, c'est par occasion, passagèrement; c'est parce qu'ils sont fiers de compter Napoléon Ier parmi les enfants illustres de leur île. Mais, quand ils auront reconnu que le régime impérial est pour jamais fini, ils garderont orgueilleusement, sinon respectueusement, la mémoire de Napoléon et recouvreront l'esprit de liberté qui animait nos aïeux.

Biondi. — Ah ! Si nous avions encore un Napoléon Ier !

Sampiero. — Vous souhaitez donc beaucoup de mal à la France et à l'Europe entière ?

Biondi. — Comment ! Vous pouvez ne pas désirer le retour d'un homme dont le génie nous couvrirait de gloire ?

Sampiero. — Raisonnons, mon ami. Le génie militaire de Napoléon Ier est incontestable. Mais la guerre n'est-elle pas un terrible fléau? Avez-vous jamais eu sous les yeux le spectacle d'un pays foulé aux pieds par une armée ennemie ? Avez-vous jamais pensé à ces milliers de mères pleurant leurs fils, de femmes devenues veuves et restées sans soutien, d'orphelins mourants de faim? Vous êtes-vous représenté toutes ces maisons incendiées, ces moissons détruites et, au milieu de ces désastres, là-bas, sur le champ de bataille abandonné, une foule éparse de soldats vainqueurs et vaincus, couchés à terre pour ne plus se relever, blessés, affreusement mutilés, se tordant dans les douleurs, appelant en vain une mère, une sœur, un ami et expirant dans d'atroces souffrances ?

Biondi. — Vous voulez frapper mon imagination.

Sampiero. — Si notre île venait à être ravagée par des ennemis ; si vous aviez le malheur de perdre en un seul jour tous ceux que vous aimez ; si des soldats vainqueurs et ivres vous garrottaient et déshonoraient votre femme, sous vos propres yeux ; si vous veniez à

tomber vous-même, mortellement frappé, en n'ayant
pour vos jeunes enfants d'autre perspective que la misère et la mendicité ; si, dis-je, un Napoléon quelconque
venait à semer dans notre île tous ces désastres, ap-
plaudiriez-vous à son génie ?

Biondi. — Certes, je ne voudrais pas avoir à subir
de pareilles calamités !

Sampiero. — Toutes ces calamités se sont pourtant
abattues sur l'Europe pendant le règne de Napoléon Ier.
Est-ce donc le génie de la destruction que vous appelez ?

Biondi. — Oh ! pour cela, non !

Sampiero. — A entendre certaines gens, on dirait
pourtant qu'ils sont rassasiés de trop de bonheur.
Pauvres et méchants esprits ! Ils raisonnent comme si
les peuples avaient besoin de la guerre pour souffrir,
comme si le malheur n'éprouvait pas trop souvent chaque famille ou comme si la nature n'avait pas attaché
assez de misères et de maux à la vie humaine !

Biondi. — Vos réflexions sont très-justes. Cependant nous pouvons avoir une guerre à soutenir, même
sous la République.

Sampiero. — Oui, mais la guerre, dans ce cas, ne
se fera que pour notre défense, pour l'indépendance du
pays et non pas dans un esprit de conquête. Sous Napoléon Ier, elle existait à l'état normal ; on ne cessait de se
battre que pour s'armer de nouveau ; aujourd'hui elle ne
sera qu'une exception et une nécessité que la République
se fera un devoir impérieux de conjurer, autant que
possible.

Biondi. — Vous parlez comme un sage.

Sampiero. — Je me dispense donc de vous vanter
les bienfaits immenses de la paix que je comparerais volontiers à l'un de ces larges et paisibles fleuves dont les

eaux répandent la fertilité et l'abondance dans les contrées qu'ils parcourent.

Biondi. — En dépit de toutes vos raisons, le peuple français aimait Napoléon III. Après le coup d'État, il l'a nommé empereur et depuis il lui a toujours donné la presque unanimité des suffrages. Pourquoi donc et comment le peuple aurait-il été trompé, ainsi que quelques-uns le prétendent ?

Sampiero. — Hélas ! la plaie est encore saignante et la nation a été assez cruellement punie de son aveuglement. Mais toute chose a sa raison d'être. Il existe plusieurs causes de cette erreur fatale.

1° Chaque pays aime sa gloire militaire. En acclamant Napoléon III, le peuple français a principalement applaudi le génie de Napoléon Ier.

2° Les plus intrépides défenseurs de la liberté avaient été ou mitraillés et assassinés au Deux Décembre, ou déportés soit à Cayenne, soit à Lambessa. Une grande terreur régnait dans les départements et les plus courageux mêmes n'osaient pas élever la voix, sachant bien qu'ils n'auraient pas revendiqué impunément les droits de la nation. Je dois ajouter que l'on abusait de la crédulité du paysan, en répandant les calomnies les plus effrontées contre les républicains représentés comme des voleurs ou des assassins, épithètes qui convenaient mieux à d'autres qu'à eux.

3° Les élections étaient faites sous la pression administrative la plus odieuse. Menaces, promesses, fraudes et ruses de toutes sortes, rien n'arrêtait les scrupules de certains fonctionnaires. Ne vous rappelez-vous pas encore ces instituteurs et ces gardiens de pénitenciers qui, à la veille de certaines élections, recevaient l'ordre d'obtenir de leurs proches parents, sous peine de révocation, la promesse de voter pour le candidat officiel ? Ai-je besoin de dire à ce sujet que la République, plus honnête et plus respectueuse des droits de chacun, laisse à ses employés leur liberté de vote et ne leur demande que de ne pas faire acte d'hostilité contre elle?

4° Vous connaissez l'histoire des *boîtes à double fond* ; le nombre des voix en faveur de l'Empire était toujours un chiffre commandé d'avance.

5° La liberté de la presse avait été confisquée : le gouvernement et l'administration pouvaient tout faire sans contrôle. Un journal se montrait-il hostile ou seulement indépendant ? Il ne tardait pas à succomber sous les foudres administratives. La Chambre était muette ; aucune discussion publique ne lui était permise, si ce n'est dans les dernières années de l'Empire ; elle ne se réunissait, dans les premiers temps, que pour voter le budget et, à titre de candidats officiels, les députés le votaient toujours selon le bon vouloir de l'empereur.

Biondi. — Quoi qu'il en soit, la nation française a légitimé le pouvoir de Napoléon III.

Sampiero. — La nation française, revenue de sa surprise, détrompée et appelée depuis à voter librement, a infirmé elle-même son précédent jugement.

Biondi. — Elle n'en avait pas moins lavé la tache originelle de l'Empire, puisqu'on prétend que le coup d'État a été un crime et que, par conséquent, il y a eu tache.

Sampiero. — Vous vous trompez. Rien n'a effacé la souillure du Deux Décembre dont le manteau impérial a gardé les sanglantes éclaboussures. Un peuple tout entier, pas plus qu'un simple individu, ne saurait porter atteinte aux lois immuables de la morale, et Napoléon III qui, sans autre raison que celle de satisfaire son ambition, a fait mitrailler des milliers d'hommes, pour mettre sur sa tête une couronne impériale, a dû être pesé dans la balance de la Justice divine aussi bien que tel ou tel pauvre habitant de nos montagnes qui a porté le bonnet de galérien, pour *avoir eu le malheur*, suivant votre expression corse, de commettre un homicide. Enseigner qu'un grand criminel est innocent, parce que son crime a réussi, c'est pervertir le cœur du peuple ; il est du devoir de tout honnête homme de combattre ces funestes erreurs.

Biondi. — Tout cela, c'est de l'avocasserie ; c'est très-vrai en théorie : mais un homme d'Etat se trouve souvent dans la nécessité de faire ce que vous me permettrez d'appeler un mal particulier pour obtenir un bien général. Suivant une expression commune, il est alors obligé de couper les *branches pourries* pour sauver le tronc de l'arbre.

Sampiero. — Fort bien ! De grands mots maintenant ! Mais, au 16 Mai, sous le fameux gouvernement de l'ordre moral, on employait également ces grands mots pour pousser le Maréchal de Mac-Mahon à faire un coup d'Etat et si le Maréchal n'avait pas été par bonheur un honnête homme, il aurait suivi les funestes conseils de certains personnages. Eh bien, aujourd'hui que le danger est conjuré, nous pouvons juger sainement la situation. Le Maréchal, qui dernièrement encore a donné une nouvelle preuve de sa probité, en aimant mieux quitter le pouvoir que de jeter le trouble dans le pays par une résistance coupable à ses volontés, le Maréchal, dis-je, n'aurait-il pas commis un crime, en essayant un coup d'Etat ? N'aurait-il pas été responsable du sang qui aurait coulé par torrents ?

Biondi. — Les honnêtes gens ne se seraient pas aventurés dans la bagarre et leur vie n'aurait pas été exposée.

Sampiero. — Vous parlez comme un homme qui

n'a aucun souci de nos libertés, ou plutôt comme un ennemi de la Constitution. Mais je plaindrais la France, si je pouvais supposer que les honnêtes gens ne se fussent pas levés pour défendre nos lois et qu'ils eussent hésité à accomplir jusque sous des balles fratricides leur devoir de citoyen.

Biondi. — Auriez-vous défendu la Constitution au prix de votre vie ?

Sampiero. — Certainement. Et tous ceux qui seraient ainsi tombés à mes côtés, ce sont ceux-là mêmes que vous appelez les *branches pourries*. Napoléon III ne fît assassiner que des hommes ayant les mêmes idées, les mêmes convictions et les mêmes vertus.

Biondi. — Vous oubliez une chose qui a pu décider Napoléon III à consommer le coup d'État : c'est que ses adversaires politiques voulaient le mettre en accusation.

Sampiero. — Et un adversaire, on le tue, n'est-ce pas? Quelqu'un ne vous aime-t-il pas ou a-t-il cherché à vous nuire, vous lui portez un mauvais coup ! C'est en s'inspirant, du reste, de cette funeste manière de voir que nos paysans commettent souvent des meurtres. Mais vous n'avez pas le droit de vous faire justice vous-même. Ce n'est qu'aux lois que vous devez demander réparation d'une injure ou de tout acte d'inimitié. Ce n'est que dans la loi que Louis Bonaparte, mis en accusation, devait chercher protection. Sans remonter bien loin, n'avez-vous pas encore présent à la mémoire le récent procès dans lequel un des derniers présidents de la République des États-Unis avait été mis en accusation, procès dont l'issue, vous le savez, a été favorable à l'accusé? Le chef d'un pouvoir quelconque n'est-il pas un homme comme les autres, d'autant plus responsable qu'il est plus élevé dans la hiérarchie sociale ? S'il mérite d'être mis en accusation, pourquoi ne le serait-il pas ?

Biondi. — En tous cas, je suis convaincu que l'histoire passera condamnation sur tous ces faits.

Sampiero. — L'histoire, qui est la conscience de l'humanité, flétrira l'Empire. Elle sera très-sévère pour cette époque où la patrie était devenue la chose d'un homme, de ses courtisans, de ses sénateurs et de ses députés qui, à raison de leur soumission, obtenaient toutes les faveurs pour leurs proches et amis. Elle s'étonnera que nous ayons pu supporter un joug aussi honteux que celui qui a pesé sur nous, principalement pendant la première période de l'absolutisme impérial, et qui eût pesé plus longtemps encore sur la France si, comme je vous l'ai déjà expliqué, l'empereur, croyant agir dans son propre intérêt et espérant se sauver, n'avait été contraint de devenir un peu plus libéral. Tristes années! Vous ne l'ignorez point, nous n'étions pas traités autrement qu'en pays conquis. La France entière était baillonnée, et l'on eût pu dire que ses habitants étaient gardés à vue dans une immense prison. Semblables à des galériens libérés, nous ne pouvions voyager d'une ville à l'autre, sans le contrôle arbitraire de l'administration. Nous étions tenus de penser, de parler, de rire et de pleurer comme l'homme qui nous réservait Sedan. La patrie garrottée gémissait tout bas ; des femmes et des enfants innocents pleuraient un mari et un père déporté à Cayenne, à cause de ses opinions politiques, crime dont vous devez peser aujourd'hui toute l'énormité, en voyant la grande sécurité dont jouissent les ennemis les plus acharnés de la République, ceux-là mêmes qui tentent publiquement de la renverser, qui parlent ouvertement contre elle et qui l'attaquent par l'injure et la calomnie.

Biondi. — Dame ! Ceux qui attaquent la République font bien. Ils en sont les ennemis acharnés, et ils ont raison de chercher à la compromettre. Si j'étais député ou journaliste, j'en ferais tout autant.

Sampiero. — Votre langage ne me surprend pas. Toutefois, je désire vous faire une question. Si le gouvernement de la République créait aussi une loi de sûreté générale et si, sans avoir de compte à rendre à personne, il vous envoyait à Cayenne avec des milliers d'autres bonapartistes, parce que vous le gênez ; s'il vous séparait violemment de votre femme et de vos enfants, pour faire de vous un galérien, trouveriez-vous ce gouvernement honnête ? Répondez. Vous n'osez pas dire non, parce que votre réponse serait la condamnation de l'Empire qui a dû recourir à cette monstruosité légale pour prolonger son existence. Vous oseriez attaquer la République ! Mais n'éprouvez-vous pas des sentiments d'horreur pour le gouvernement impérial, à l'idée seule que, s'il venait à être rétabli, il ne pourrait vivre un certain temps qu'en commettant les mêmes infamies ?

Biondi. — Je suis un honnête homme et je hais tous les crimes politiques.

Sampiero. — Cette réponse me satisfait. J'espère que vous n'oublierez jamais quelle différence il existe entre ce qui se passe aujourd'hui et ce qui se pratiquait sous l'Empire, lequel, à part cette ignoble loi de sûreté générale, avait créé d'autres lois aussi sévères qu'arbitraires pour frapper sans pitié quiconque commettait l'imprudence de prononcer une parole inconstitutionnelle, de laisser échapper un mot qui pût ressembler à une simple critique du gouvernement.

Biondi. — Un gouvernement ne peut cependant pas

permettre qu'on l'attaque à tout propos : l'Empire se faisait respecter, et il avait raison.

Sampiero. — Sous prétexte de se faire respecter, il étouffait la voix de ceux qui pouvaient parler au nom de la justice. Il frappait par nécessité gouvernementale, parce que les mesures de rigueur forment le cortége inévitable de tout pouvoir tyrannique, et il tenait à passer pour un gouvernement fort, afin de mieux cacher sa faiblesse. Au contraire, la République est confiante dans sa force et tolérante, parce qu'elle abrite la liberté sous sa puissante égide. L'Empire, né dans les ténèbres d'une nuit fatale, craignait la lumière. La République, ne voulant vivre qu'en plein jour, appelle la discussion sur ses actes ; car elle est le gouvernement de la Nation par la Nation elle-même. Je veux dire par ces mots que, sous un gouvernement républicain, les pouvoirs publics sont confiés non pas à des députés officiels ou à des favoris n'ayant d'autre désir que de plaire au maître dont ils sont les créatures, mais à des représentants ou à des fonctionnaires n'ayant en vue que l'intérêt général. Toutes les garanties de liberté et de justice reposent, en effet, sur ce principe fondamental, à savoir que les citoyens d'un même pays doivent pouvoir contrôler publiquement les affaires de l'Etat, de la même manière que les membres d'une même famille, ou les habitants d'une même commune surveillent eux-mêmes leurs propres affaires. Or, pour atteindre ce but, un peuple doit pouvoir donner librement son mandat à des candidats indépendants qui lui paraissent les plus dignes de cet honneur, et non pas à des candidats auxquels l'administration accorde toutes sortes de faveurs, à la condition expresse qu'ils voteront les lois agréables au gouvernement. Une nation qui abandonne ses droits aux mains d'un homme se ménage elle-même des surprises douloureuses et de bien dures épreuves, que cet homme soit dérisoirement responsable ou non.

Louis Napoléon ne se trompait point sur la supériorité du gouvernement républicain ; mais, préférant satisfaire, à tout prix, son désir effréné de régner en maître absolu, obéissant en esclave à ses appétits dynastiques, se voyant perdu de dettes et n'ayant l'espoir de les payer qu'en montant sur le trône, il avait foulé aux pieds la Constitution et commis le crime. Depuis, il n'a pu régner qu'en tenant le couteau sur la gorge de la France et en violentant les consciences. Ironie suprême ! lui, le parjure, il imposait un serment de fidélité même aux candidats à la députation ! Comment qualifier, du reste, cet homme, qui disait dans une fameuse proclamation : « *que les bons se rassurent et que les méchants tremblent* ! » et qui, par ce mot « *méchants* » désignait ses malheureuses victimes, tombées en défendant le Droit contre lui ?

Biondi. — A propos de ces victimes, on a dit que des familles entières, privées de leur soutien naturel, furent jetées dans une affreuse misère et que des femmes vertueuses se trouvèrent dans la triste alternative ou de vendre leur honneur ou de voir leurs enfants mourir de faim. L'empereur, qui était bon, n'a-t-il pas fait tout son possible pour réparer ces infortunes ?

Sampiero. — C'est ce qu'on ignore. On sait seulement qu'il se livra sans retenue aux plaisirs de toutes sortes : témoins ces fameuses nuits de Saint-Cloud et ces amusements secrets dont les murs du château de Compiègne ont gardé le souvenir. On sait, en outre, qu'il accabla d'honneurs ses complices et qu'il leur décréta des appointements fabuleux et inconnus dans tous les pays.

Biondi. — La République a commis aussi des crimes

qui l'ont rendue odieuse, par exemple, pendant les journées de septembre 1792.

Sampiero. — Je vous ferai d'abord remarquer qu'à cette époque la République n'était en quelque sorte que l'étiquette et que l'état réel c'était la Révolution, cette crise terrible amenée par les abus de la monarchie.

Néanmoins, je veux mettre sur le compte de la République ce qui, à vrai dire, ne devrait pas lui être imputé. Mais si les circonstances peuvent aggraver ou atténuer un fait, vous admettrez facilement que les crimes commis au nom de la République ont paru nécessaires pour la délivrance du peuple, tandis que ceux de l'Empire n'ont été consommés que pour son asservissement ; ces derniers ont été accomplis froidement et par calcul, dans un intérêt purement personnel ; les autres ont été commis dans un moment de fièvre patriotique et dans un but exclusif d'intérêt général. En vérité, les journées de septembre ont-elles été autre chose qu'une réponse au manifeste insolent de Brunswick, rédigé par un émigré ? Pourquoi ces massacres ont-ils eu lieu ? Parce que les royalistes conspiraient partout et qu'après avoir abandonné et trahi la patrie, ils avaient violé la frontière avec les soldats allemands. Un prince de Condé marchait à leur tête ; le but poursuivi par ces traîtres était le renversement des libertés conquises. Devant cette haute et sacrilége trahison, le peuple, dans un accès de fureur facile à comprendre, fit tomber sous ses coups ceux qui se trouvaient incarcérés comme suspects. Oh ! le crime est toujours odieux et inexcusable ; mais s'il peut être atténué, n'est-ce pas lorsqu'il est commis pour une cause aussi sainte que l'indépendance de la patrie ? Flétrissez donc les crimes de la République, je vous approuverai.... Cependant, qui pourrait répondre que la même situation se présentant de nouveau, les mêmes malheurs ne se reproduiraient point ?

Biondi. — Ces assassinats n'en ont pas moins été abominables, et ils ont été suivis de désordres continuels. Fidèle gardien de la tranquillité publique, l'Empire n'a fait des exécutions militaires que pour rétablir l'ordre.

Sampiero. — Pardon ! Dites pour troubler d'abord l'ordre et pour égorger ensuite ceux qui le défendaient. Au surplus, les crimes de l'Empire ont eu pour résultat final l'affaiblissement de la France et son démembrement ; les agitations de notre immortelle Révolution, même entachées de sanglantes violences, ont eu pour conséquence la grandeur du pays ou la conquête d'une liberté. Les plus « *mauvais jours* » de la République ont été suivis de nos victoires les plus éclatantes ; au contraire, les plus beaux jours de l'Empire ont été couronnés par la honte et l'abaissement de la patrie. Et notez bien que c'est indistinctement du premier et du second empire que je veux parler ici. Savez-vous ce que Napoléon Ier a coûté à la France ?

Biondi. — Je n'ai jamais fait ce calcul.

Sampiero. — Ses guerres ont occasionné des dépenses s'élevant à *onze milliards sept cent quarante-six millions*. Il a ordonné vingt levées de soldats comprenant ensemble *Deux millions quatre cent soixante-seize mille hommes*, sur lesquels un million au moins est tombé sur les champs de bataille. A quoi ont servi ces sacrifices ? A un premier démembrement de la France ; Napoléon III devait nous valoir le second démembrement.

Biondi. — Je reconnais que ces résultats sont tristes. Mais il n'y a pas eu de faute imputable à l'Empire. C'est la fatalité qui a amené ces malheureux événements.

Sampiero. — Seuls, les superstitieux et les ignorants croient à la fatalité : tout effet a une cause. Le sang français n'aurait pas inondé les plaines de Waterloo, si Napoléon Ier avait eu moins d'ambition, s'il n'avait pas tyrannisé et humilié les autres nations de l'Europe. Sedan ne compterait pas dans nos annales, si Napoléon III avait été plus clairvoyant ou plutôt s'il n'avait pas fait le Deux Décembre ; car, dans ce cas, il n'aurait pas été nommé empereur et la France n'eût pas subi la guerre de 1870 qui, on le sait aujourd'hui, fut déclarée à l'instigation d'une femme, de l'impératrice. « *C'est ma guerre, à moi !* » s'était en effet écriée, dans une pensée d'intérêt dynastique, cette cléricale espagnole qu'un caprice avait élevée jusqu'au trône.

Biondi. — En définitive, auriez-vous le chimérique espoir de changer en admiration toute l'horreur que m'inspire la Révolution ?

Sampiero. — Vous êtes libre de ne pas admirer la Révolution. A votre place cependant, je l'aimerais, rien qu'à cause de Napoléon Ier, puisque c'est elle qui l'a produit et qui a permis à son vaste génie de se déployer. Ingrats bonapartistes ! Adressez donc vos injustes reproches à la Révolution ; mais sachez bien que vous vous trompez grandement, si vous croyez accabler la République, en évoquant sans cesse le souvenir de certaines journées de désordre. Car, sans mentir à l'histoire, si nous n'avions pas eu à déplorer ces « *mauvaises journées* » que serions-nous aujourd'hui encore ? Des esclaves, dont le sang pourrait être versé impunément. Oseriez-vous nier cela ? Que messieurs les partisans de la monarchie ne se récrient donc pas trop et qu'ils aient la bonne foi de reconnaître qu'il y avait une chose bien simple à faire par leurs maîtres pour éviter ces malheurs : c'était de rendre au peuple les droits que Dieu et la nature lui ont accordés, la liberté et l'égalité. Qu'ils aient au moins la pudeur de se taire et qu'ils gardent de ces « *mauvais jours* » le souvenir que l'on a d'un fer chaud ayant servi à cautériser une plaie purulente et rebelle à tout autre remède.

Tout compte fait, la République n'a-t-elle pas tué infiniment moins de monde que l'Empire et la Royauté dont les milliers de victimes, dont les crimes publics et anonymes sont incalculables ?

Biondi. — Tous ces souvenirs me sont désagréables et je regrette presque d'avoir commencé cet entretien.

Sampiero. — Si vous le voulez, je vais m'arrêter ; mais il restera entendu que vous craignez la lumière et que vous avez peur pour vos chères illusions. Vous ressemblez au malade qui chasse le médecin.

Biondi. — Eh bien ! non. Continuez. Je veux aller jusqu'au bout.

Sampiero. — J'ajoute qu'aucun pays libre n'a conquis son indépendance qu'au prix du sang le plus précieux de ses enfants. Malheureusement, le peuple est toujours trompé ; l'histoire ne lui est montrée qu'à travers le prisme des passions, surtout dans une certaine presse réactionnaire et immonde.

Biondi. — En tous cas, on ne trompe pas le peuple, mais on lui dit la vérité en lui enseignant que la Révolution est toujours menaçante sous la République.

Sampiero. — Oui, on vous berne avec les prétendus excès que la République va commettre. Mais c'est le contraire qu'il faudrait dire. La Révolution serait toujours menaçante, si nous devions avoir le malheur de subir encore une monarchie ; elle deviendra inutile et impossible sous une République gouvernée par de vrais républicains, et non par des monarchistes qui cherchent hypocritement à jeter le trouble en France, afin de pouvoir incriminer le gouvernement républicain. Soyez franc : si les hommes du 16 Mai étaient parvenus à déchaîner la guerre civile, n'auriez-vous pas été injuste en faisant retomber sur la République les excès qui auraient pu être commis et dont on n'aurait pas manqué de l'accuser ? Où sont les périls que la société court ? Dans l'imagination et dans les intrigues des conspirateurs de l'ordre moral. Comparez d'ailleurs notre tranquillité actuelle à l'inquiétude dans laquelle nous vivions sous l'Empire. Quelles craintes, quelles angoisses n'éprouvait pas la France entière, en se demandant si la mort de l'empereur ne serait point le signal d'une terrible révolution ! Avec quel calme et quelle sécurité, au contraire, n'a-t-elle pas vu s'accomplir ce grand acte de la transmission du pouvoir suprême, le jour où le Maréchal de Mac-Mahon a donné sa démission ! L'empereur était-il malade, l'horizon s'assombrissait, et la France se prenait à trembler ; aujourd'hui le Président de la République abandonne-t-il ses fonctions de premier magistrat du pays, il est immédiatement remplacé sans trouble ni secousse. Le peuple n'abuse donc pas des libertés que lui donne la République pour faire la révolution, mais il fait la révolution pour conquérir la République, la vraie République et avec elle la liberté.

Biondi. — Décidément, vous finirez par me mettre de mauvaise humeur, en bouleversant toutes mes idées, en ne me laissant pas une seule fois la satisfaction d'avoir raison.

Sampiero. — Une seule erreur, mon ami, en engendre d'autres, et la vérité ne se prête point volontiers aux concessions.

Biondi.—Fort bien! Pourtant quelques bonnes raisons que vous nous donniez, le Corse pourra-t-il abandonner jamais l'Empire sans lâcheté, sans se déshonorer ? Napoléon est l'enfant de notre pays ; il a jeté une gloire immortelle sur notre île....

Sampiero. — Est-ce là une raison suffisante pour être bonapartiste à tout prix ? Sommes-nous encore au temps où les conquérants étaient honorés comme des demi-dieux ? N'existe-t-il pas une gloire plus grande et plus solide que la leur, celle que l'on acquiert en s'illustrant dans les arts, en faisant des découvertes scientifiques qui transforment la face du monde et ouvrent au génie de l'homme la voie du progrès incessant ? Quoi ! Dans un siècle où le plus humble artisan peut s'immortaliser en devenant le bienfaiteur de l'humanité, à une époque où les peuples sont si unis par leurs relations commerciales et où la paix est si nécessaire à l'industrie et à l'agriculture, ces mamelles de la France, vous voulez rétablir le culte d'un Bonaparte dont l'œuvre destructrice a marqué un temps d'arrêt pour la civilisation ! Mais aucune nation, soucieuse de ses intérêts, ne désirerait avoir pour chef un conquérant ! Vous ne commettez donc pas un acte de lâcheté, vous ne vous déshonorez point en souhaitant qu'un Bonaparte ne vienne plus bouleverser l'Europe. L'honneur ne se sépare pas du devoir, et votre devoir vous impose l'obligation de ne pas chercher à rappeler un régime qui ne peut être que fatal.

Vous vous faites, dit-on, une gloire d'être fidèles au malheur. Soyez plutôt fidèles à la vérité et à la justice et ne vous laissez point pervertir par de faux raisonnements. On aime sa femme, ses enfants, ses parents et ses amis ; on leur est fidèle dans le malheur. Mais un roi, un empereur, un chef d'Etat, on ne les aime qu'en raison de leurs vertus publiques et du bien qu'ils font au pays ; à ce titre, Napoléon III doit occuper le dernier rang dans votre estime et dans votre cœur puisque,

parjure et criminel, il a été on ne peut plus funeste
à la France. Chassez donc de votre esprit toutes ces
fausses idées et n'oubliez point que, quand il s'agit de la
patrie, l'intérêt général doit toujours primer l'intérêt
privé. En définitive, exige-t-on beaucoup de vous? Non.
On vous demande seulement de laisser dormir dans le
tombeau ceux qui y sont couchés pour l'éternité, de ne
pas exhumer l'Empire tombé en pourriture, enfin de ne
pas remuer les cendres d'un régime qu'aucun gouvernement étranger n'honorait de son estime.

Biondi. — Le Corse a un véritable culte pour l'empereur, et lors même qu'il trouverait votre raisonnement
juste, il ne consentirait jamais à un tel sacrifice.

Sampiero. — Le sacrifice de ses passions et de ses
erreurs doit être non pas pénible, mais agréable à tout
homme qui possède un cœur droit et honnête. Tenez, je
vais vous répéter ici ce que je disais un jour à propos de
M. Louis Blanc, ce grand citoyen, cet éminent histo-
rien qui a du sang corse dans les veines, et qui ne voulant pas, dans sa noble et légitime fierté, courber la tête
devant un usurpateur ni lui reconnaître des droits sur
lui, refusa, en 1859, l'amnistie que Napoléon III lui of-
frait et, en outre, protesta énergiquement avec d'autres
illustres exilés contre un don aussi injurieux. M. Louis
Blanc dont ce seul trait prouve la grandeur de caractère
et l'élévation d'âme, est issu d'une famille royaliste ; son
grand père est mort sur l'échafaud pendant la Révolution, et son père eût été aussi guillotiné s'il n'eût réussi à
s'évader de prison la veille du jour où il devait passer en
jugement. Vous savez cependant qu'il est à la Chambre le
chef vénéré de l'extrême gauche et qu'il n'y a pas de plus
grand admirateur que lui des grandes choses de la Révolution et de ses grands hommes. Pensez-vous que
M. Louis Blanc a cru faire un sacrifice en étouffant ses sen-

timents d'horreur pour n'écouter que la voix de la raison et de la vérité? Gardez-vous bien de le croire. « Je plains quiconque, en lisant ce livre (dit-il dans l'épilogue de son histoire de la Révolution française) n'y reconnaîtrait pas l'accent d'une voix sincère et les palpitations d'un cœur affamé de justice. »

Biondi. — J'ignorais cela. Car malheureusement on ne trouve pas dans nos villages tous les livres que vous pouvez lire à Paris. Ce que vous venez de me dire de M. Louis Blanc est vraiment digne d'admiration. Si j'étais quelqu'un, je me permettrais de lui adresser mes félicitations : on voit bien qu'il a du sang corse dans les veines.

Sampiero. — A la bonne heure! Votre amour-propre de Corse se trouve flatté et vous devenez juste ; vous êtes gagné à la bonne cause, mon ami.

Biondi. — Nullement.

Sampiero. — Vous avez beau vous en défendre, désormais vous serez des nôtres. Je n'en ai pas eu d'ailleurs le moindre doute, depuis le commencement de cet entretien. Car je connais votre droiture et je savais à l'avance qu'une discussion entreprise avec autant de bonne foi ferait la lumière dans votre esprit. Il en sera de même, croyez-moi, de nos compatriotes dont le patriotisme et l'intelligence m'inspirent une grande confiance, et que j'espère voir revenir également de leur erreur politique, le jour où leur conscience sera mieux éclairée et où les préjugés contre la République tomberont. Ce jour là, soyez-en sûr, l'Empire apparaîtra avec toute son hypocrisie et sera universellement renié.

Biondi. — En attendant, vous allez prêcher partout la croisade, n'est-ce pas ?

Sampiero. — Notre devoir est de répandre partout la lumière par l'instruction et de donner au

peuple une éducation aussi morale que forte. Tous
nos efforts doivent tendre à élever les caractères jusqu'à l'esprit de sacrifice tel que le comprenaient
ces Romains qui ont fait de l'Italie un peuple si grand.
Il faut enseigner aux enfants l'amour de la liberté, la
haine du crime, le mépris de tous les Césars d'aventure.
Qu'ils apprennent à braver tout pouvoir inique. A l'e-
xemple du grand poète, du citoyen illustre qui porte le
nom immortel de Victor Hugo, qu'ils sachent préférer,
au besoin, le désert sauvage avec l'indépendance à la
patrie dans l'esclavage : la liberté, c'est le bien suprême
du lion et de l'homme.

Biondi. — En d'autres termes, il faudrait réformer
radicalement nos mœurs. Je vous accorde tout ; mais,
quand on sera bien convaincu dans notre île que l'Empire n'est plus possible, ni désirable, et qu'il est de tout
intérêt de préférer, de respecter et d'aimer le gouvernement de la République, il se présentera toujours une
question de convenances fort embarrassante : un grand
nombre de nos compatriotes n'oseront pas voter contre
certains personnages bonapartistes, parce que ceux-ci ont
eu l'occasion de recommander telle affaire les concernant,
ou telle personne parente ou amie. N'auront-ils pas raison
de continuer à leur donner des marques d'attachement ?

Sampiero. — Ces sentiments de reconnaissance sont
très-louables. Cependant, raisonnons un peu. Que seraient
ces personnages, si le peuple ne les avait élevés par ses
suffrages au rang qu'ils occupent? S'ils sont bien plus haut
placés que vous, n'est-ce point parce que vous les avez his-
sés vous-mêmes sur vos épaules ? N'est-il pas juste alors
qu'ils soient encore plus reconnaissants envers le peuple que celui-ci ne doit l'être à leur égard? Secouez vos
épaules, ils tomberont par terre et il ne sera plus question d'eux. Mais, pendant qu'ils sont perchés sur vous,

il est de leur strict devoir de s'occuper de vos intérêts et de vous donner satisfaction, au moins en apparence. Qui doit s'occuper de l'électeur, si ce n'est l'élu ?

Biondi. — Voter contre eux, ce serait néanmoins manquer au respect qu'on leur a porté jusqu'à ce jour.

Sampiero. — Il ne s'agit pas de leur manquer de respect, mais bien de ne pas sacrifier vos intérêts ni l'avenir de vos enfants à de fausses questions d'amour-propre. On peut avoir des rapports de courtoisie ou d'amitié avec quelqu'un sans être tenu de voter pour lui. Malheureuses victimes des passions les moins excusables ! vous formez ici des camps opposés, vous vous traitez en ennemis pour des hommes qui, lorsqu'ils sont à Versailles ou à Paris, vivent en très-bonne intelligence avec leurs adversaires politiques ! Pensez-vous donc que là-bas ceux qui votent les uns contre les autres se refusent la main en descendant de la tribune et après s'être dit les choses les plus désagréables ? Vous imaginez-vous que M. Gavini, par exemple, n'est pas en très-bons termes avec M. Gambetta ?

Biondi. — Nous ne l'ignorons point. Aussi M. Gavini n'a-t-il jamais osé nier ses bonnes relations avec le président actuel de la Chambre des députés.

Sampiero. — Alors, pourquoi ces discordes que la politique sème parmi vous ? Imitez donc ce que l'on fait dans le reste de la France et dans tous les pays civilisés : respectez toutes les convictions et laissez à chaque électeur sa liberté d'action ; devant l'urne vous êtes des adversaires ; après le vote, vous redevenez amis sans rancune et sans arrière-pensée.

Biondi. — Nos représentants ne nous ont jamais tenu ce langage.

Sampiero. — Et ils ne vous le tiendront jamais, parce que vos divisions et vos rivalités locales font toute leur force. En voulez-vous la preuve? Mettez-les hardiment au défi d'entreprendre une propagande quelconque, en vue de la concorde qui doit exister entre vous, après comme avant les élections. Voyons, conviez-les à cette bonne œuvre ; ce sera autant de fait pour corriger nos mœurs. Qu'ils réussissent, qu'ils essaient seulement, et nous leur adresserons des remerciements. Puis, si un ardent amour du bien remplit leur âme, que la crainte de l'inaction ne les tourmente pas : nous leur fournirons de quoi alimenter la flamme d'un si beau zèle. Ainsi deux plaies morales, entre autres, rongent notre malheureux département : les lettres anonymes et la dénonciation, laquelle est invariablement calomnieuse. Nous demanderons donc à vos représentants de travailler un peu à la guérison de ces plaies et de contribuer par là même à relever notre dignité. Et que la difficulté de la besogne ne les effraie point ! Car, *comme toute chose a une signification,* il leur suffira de déclarer, avec toute l'autorité qui s'attache à leur voix, qu'un honnête homme, à quelque classe de la société qu'il appartienne et sous quelque prétexte que ce soit, ne doit jamais, sous peine de forfaiture à l'honneur, rien dire ni rien écrire qu'il ne puisse avouer publiquement.

Biondi. — Quel crédit ont-ils au Ministère?

Sampiero. — Le crédit qu'il convient d'accorder à des hommes hostiles à un gouvernement honnête établi par le suffrage universel. Aussi, qu'ils n'espèrent plus tenir nos campagnes dans l'esclavage, en distribuant à leur gré les emplois et les honneurs : la République fera acte de sagesse et de justice, en fermant les portes de l'administration aux protégés de ses ennemis.

L'Empire déportait les républicains à Cayenne ; c'est la moindre des choses que la République refuse ses faveurs à ceux qui désirent la renverser.

Biondi. — Si nos députés ne peuvent plus rien obtenir pour nous, ce sera fâcheux ; mais nous ne leur adresserons aucun reproche pour cela : nous nous souviendrons seulement du bien qu'ils nous ont fait quand ils avaient l'oreille du gouvernement.

Sampiero. — Vous n'êtes pas difficile à contenter ! hélas ! Quel bien vous ont-ils fait ? Quelle réforme, quelle amélioration ont-ils opérée ? Quel encouragement ont-ils donné à l'industrie, à l'agriculture, au commerce ? Quels travaux d'utilité publique ont-ils fait exécuter ? Ils n'avaient qu'un mot à dire pour obtenir la construction de nos chemins de fer. Ont-ils dit ce mot ?

Biondi. — Ils croyaient que nos chemins de fer ne seraient pas d'une grande utilité.

Sampiero. — Ils devaient savoir le contraire. Sans parler des avantages immenses qui en résulteront pour notre commerce et notre industrie et qui répandront un bien être général dans le département, sans entrer dans une infinité de détails à ce sujet, je ne veux vous faire observer qu'un des plus petits côtés de la question. A combien estimez-vous le nombre des employés qu'exigera l'exploitation de nos chemins de fer ?

Biondi. — J'ai entendu dire qu'il y aura quinze cents ou deux mille emplois à donner.

Sampiero. — Mettez-en mille seulement et remarquez qu'ils seront accessibles, pour la plupart, à des personnes d'une instruction très-limitée et même à des gens illettrés. En France, les emplois analogues, j'entends les moins importants, sont rétribués moyennant un prix minimum de 3 fr. par jour et à raison de 4 et 5 fr., après quelques années de services. Combien de nos compatriotes se sont expatriés pour avoir des positions moins lucratives ! Combien d'entre vous ne béniront-ils pas le jour où ils pourront occuper un de ces emplois en

Corse même, très-souvent dans leurs cantons et dans leurs propres villages ! Ce sera donc le pain, du pain blanc et savoureux, assuré à mille familles pauvres ! Vos députés et vos sénateurs ont-ils donné une position à autant de personnes ?

Biondi. — Assurément non.

Sampiero. — S'ils avaient fait construire nos chemins de fer, ces familles seraient, par conséquent, heureuses depuis longtemps. Or, de deux choses l'une : ou les représentants de l'Empire n'ont point compris, ou ils n'ont point voulu. Dans les deux cas, ils méritent autre chose que vos remercîments et votre dévouement.

Biondi. — Il est certain que...

Sampiero. — Attendez, mon cher ami, j'oubliais de vous montrer le revers de la médaille au point de vue bonapartiste ; c'est que ces employés devront leur position à une compagnie ou à une administration quelconque qui n'exigera d'eux que du travail, et non à des députés officiels, en faveur desquels ils se croiraient tenus de voter.

Biondi. — Pensez-vous que leurs chefs directs leur auraient laissé toute liberté de vote, même sous l'Empire ?

Sampiero. — Avec un peu de bonne volonté, ces employés auraient, à l'exemple de bien d'autres, échappé à toute pression électorale et voté selon leur conscience ; cela leur eût été d'autant plus facile qu'une administration de chemins de fer a le devoir de rester étrangère aux luttes de la politique et de s'occuper exclusivement de la sécurité à donner aux voyageurs. Par conséquent, les suffrages de ces mille employés auraient pu être exprimés contre les candidats officiels : vos députés le savaient bien. Concluez.

Sampiero. — Je me réserve de réfléchir et de conclure. Pour le moment, je me contente de **reconnaître**

que nos députés ont eu tort de ne pas obtenir de l'Empire la construction de nos chemins de fer.

Sampiero. — Ont-ils au moins réparé ce tort en faisant autrement le bien ? Nullement. Par exemple, ils n'avaient qu'à vouloir pour faire accorder un grand nombre de bourses aux fils de nos paysans sans fortune, à tant de jeunes gens dont nous connaissons l'intelligence et qui auraient pu devenir des hommes remarquables. Ont-ils tenté le plus faible effort, au sein du Conseil Général, pour recueillir et ne pas laisser s'étioler ces intelligences, pour répandre partout la plus grande somme d'instruction possible ?

Biondi. — Il y a là une question budgétaire ; et il n'a peut-être pas été facile de la résoudre.

Sampiero. — Quand on veut sérieusement, on peut. Je serais d'ailleurs curieux de savoir depuis quand les chefs du parti bonapartiste en Corse passent leurs veilles à étudier l'économie politique et à méditer sur tel ou tel système financier.

Pauvres et ignorants, nos compatriotes n'ont pu se soustraire à la tyrannie des bonapartistes. Instruits et délivrés des entraves de la misère, ils lutteront contre eux et feront prévaloir individuellement leur mérite et leur supériorité.

Biondi. — On dit que M. Haussmann pourra faire beaucoup de bien à la Corse.

Sampiero. — On a encore abusé de votre bonne foi. M. Haussmann, épave du suffrage universel dans les autres départements, ne peut et ne pourra absolument rien faire pour vous. La meilleure chose qu'il ait trouvée à faire en Corse, c'était de se faire nommer député, et il l'a faite.

Biondi. — Il a cependant transformé Paris.

Sampiero. — C'est vrai ; dans un but de défense

stratégique d'abord, non pas contre un ennemi du dehors, mais contre les Parisiens ; et ensuite à quel prix ! En laissant à la ville de Paris une dette de *un milliard trois cent dix millions* de francs. Faire exécuter des travaux plus ou moins utiles, en gaspillant l'argent des contribuables et grâce aux lumières des ingénieurs éminents de la capitale, n'est pas une chose bien difficile.

Biondi. — Quel est le mérite du duc de Padoue ?

Sampiero. — Je vous le dirai, quand il nous aura révélé la nature de son talent. Demandez des renseignements sur lui aux électeurs du département de Seine-et-Oise, dans lequel il possède de grandes propriétés ; ils vous répondront tout court qu'ils ont cru sage de confier leurs intérêts à des hommes plus méritants et plus dignes de cet honneur. Il était réservé à notre pauvre département de recueillir cette autre épave du suffrage universel.

Biondi. — Il n'est pas étonnant que les Corses, ayant des opinions politiques différentes, n'aient pas été du même avis que les électeurs de Seine-et-Oise.

Sampiero. — Mais ceux-ci ont discuté les candidats qui se présentaient à leurs suffrages ; ils les ont entendus parler, ils ont pesé le mérite et les théories de chacun, et ne se sont prononcés qu'en connaissance de cause. Les Corses, au contraire, n'ont même pas interrogé leur candidat, un duc, un grand seigneur qui, paraît-il, n'a pas daigné leur faire visite et qui, disait un jour un plaisant, aurait été également élu, s'il avait envoyé ses bottes à sa place ! Ils ont voté par obéissance, comme des moutons, pour lui aussi bien que pour M. le sénateur Galloni.

Biondi. — Oh ! ne me parlez pas de ce dernier, je vous en prie. Autant j'ai tenu bon pour les principes, autant je vous abandonne volontiers ce personnage gros, gras et dodu.

Sampiero. — Puisque vous me l'abandonnez, je ne le discute pas, et je crois inutile d'énumérer tous les titres universitaires, depuis le brevet de capacité jusqu'au diplôme de doctorat, pour vous demander combien de ces titres sont les siens, et pour vous permettre de justifier votre choix à ce point de vue ; car je suppose que vous devez avoir imité les électeurs des autres départements, qui choisissent dans leur parti non-seulement les plus convaincus, mais encore les plus capables.

Biondi. — Nous avons nommé ce sénateur, d'abord parce qu'il est bonapartiste, et ensuite parce que son élection était agréable à M. Gavini, beau-frère de feu M. Valery et avocat de la compagnie maritime dont ce dernier était le directeur ; nous étions, du reste, disposés à voter pour tous les candidats agréables à M. Gavini.

Sampiero. — Par conséquent, si M. Gavini voulait faire nommer des hommes incapables de l'éclipser, vous choisiriez ses protégés ? Esclaves ! Je ne veux faire aucune comparaison offensante ; mais si l'on présentait à vos suffrages un Iroquois, le nommeriez-vous ?

Biondi. — A l'unanimité, pourvu que cet Iroquois eût des convictions bonapartistes.

Sampiero. — Au lieu de rire, je plains ces braves compatriotes si indignement abusés. Vous avez donc une bien haute opinion des capacités de M. Gavini, ce remuant personnage au petit œil noir et fouilleur ?

Biondi. — M. Gavini est notre plus digne représentant.

Sampiero. — Et vous l'avouez ! Je vois bien que vous ne lisez jamais les comptes-rendus du Parlement. Mais demandez de temps à autre à votre maire le *Journal officiel* qu'il reçoit tous les jours, et vous y verrez que M. Gavini ne se fait remarquer à la Chambre que par des interruptions aussi caractéristiques que rares. Avez-vous entendu dire qu'il ait jamais balbutié le plus petit discours contre le moins éloquent des députés français ?

Pécheurs politiques endurcis, tenez-vous à mourir dans l'impénitence finale? Votre cœur restera-t-il fermé à la vérité ? Pour qui donc votez-vous ? Est-ce pour un gouvernement qui mérite votre estime ou qui vous a fait du bien? Est-ce au moins pour des hommes qui brillent par leur éloquence et leur talent, ou qui vous ont laissé autre chose que la misère et l'ignorance ?

Pauvre paysan Corse ! Vingt sous, personne ne l'ignore, sont pour lui le Pérou ! S'il connaissait l'aisance relativement dorée du paysan de la plupart des départements de la France, quels comptes sévères il demanderait à des représentants remarquables par leur mutisme à la tribune !

Biondi. — Ceux qui les remplaceraient, si l'on en nommait d'autres, ne feraient pas mieux qu'eux.

Sampiero. — Quel est l'avocat, le médecin, le jeune homme tant soit peu instruit, qui ne fera pas au moins comme eux? Au pis aller, vous en serez quittes une autre fois pour élire des représentants plus méritants encore. Et si, au lieu de continuer à étouffer la voix de vos fils, vous excitez, au contraire, leur émulation; si, dans ce but, vous cherchez à vous éclairer, en organisant, coûte que coûte, des réunions électorales publiques, ainsi que cela se pratique dans les autres départements et dans tous les pays libres du monde, sans exception; si, par suite, vous avez la sagesse élémentaire d'écouter consciencieusement toutes les professions de foi, soyez sans inquiétude : il surgira inopinément, comme de dessous terre, des candidats sérieux et dignes de votre choix. Ainsi, vous n'avez qu'à vouloir pour que des Corses inconnus aujourd'hui, le fils de Pierre, de Paul, de Jacques ou de Jean deviennent demain des personnages connus de toute l'Europe, à l'exemple de tant d'hommes politiques remarquables de la France qui ne seraient jamais sortis de la foule, s'ils n'avaient pas eu la possibilité de parler au peuple et de faire éclater leur talent.

Dans le courant des années 1808 et 1809, ce beau et riche pays d'Amérique voyait naître deux enfants sans fortune et sans nom. L'un d'eux n'était âgé que de quatre ans lorsqu'il perdait son père, mort victime de son dévouement pour sauver un homme qui se noyait, et il était envoyé en apprentissage avant d'avoir appris à lire. L'autre devenait tour à tour gardien de troupeaux, apprenti dans une scierie, conducteur de trains de bois sur le Missisipi, poseur de rails, valet de ferme et épicier. Tous deux pourtant étaient laborieux et noblement ambitieux. Aussi les voyait-on, après toute une journée d'un travail ingrat et pénible, consacrer leurs quelques moments de loisirs à l'étude. Ces deux hommes ont illustré leurs noms, *Andrew Jonhson* et *Abraham Lincoln*, puisqu'ils ont été l'un et l'autre Présidents de la grande République des États-Unis.

Biondi. — Cela tient du prodige.

Sampiero. — Leur élévation n'a d'autre raison que leur travail et leur mérite d'abord, et ensuite l'esprit de justice et d'indépendance qui anime le peuple intelligent de l'Union américaine. Car, dans ce pays là, tout citoyen peut, au nom de la liberté, parler publiquement des affaires de l'État et quand un inconnu, *Andrew Johnson* ou *Abraham Lincoln*, demande à exposer ses idées, on se fait un devoir de l'écouter, de le juger et de le préférer à un Padoue ou à un Gavini américains.

Biondi. — Quoi que vous prétendiez, pouvons-nous dans notre village voter décemment avec les soi-disants républicains qui composent la partie la moins honorable de la population?

Sampiero. — Votre question n'est pas sérieuse. Car vous ne devez pas voter contre votre conscience pour faire échec à vos adversaires. Si demain ceux-ci venaient à voter pour l'Empire, iriez-vous prendre leur place dans le parti républicain? Non, n'est-ce pas? Soyez donc logiques. Réfléchissez, et si la République vous semble mériter vos suffrages, donnez-les lui. C'est vous qui, dans ce cas, serez les maîtres de la situation, et vos adversaires d'aujourd'hui se trouveront alors dans la nécessité ou de fusionner avec vous, ce qui sera sage, ou de marcher sur vos pas. Au reste, je ne veux pas discuter l'honorabilité de ces républicains. Mais la passion égare trop souvent nos compatriotes, et il faut craindre l'exagération, sinon l'erreur. Puis-je vous citer à ce propos les injures dites par un homme honorable de votre parti contre un républicain, son voisin, qu'il traitait un jour de lâche et de canaille, et qui cependant est un parfait honnête homme? Soyez donc indulgents les uns pour les autres, et prenez garde que de mesquines rivalités ne vous animent de sentiments de rancune qui peuvent vous rendre injustes.

Quant à ces dénigrements honteux, habituels épanchements des âmes venimeuses, je ne crois pas devoir leur faire l'honneur d'une discussion.

Biondi. — Ne nous abaissons pas jusqu'à cette catégorie de gens.

Sampiero. — Oui, laissons aux sots, aux calomniateurs, aux gens de mauvaise éducation, aux coquins le triste privilége de colporter des accusations intéressées ne reposant sur rien, qu'on ne peut pas confondre, puisque leurs auteurs, moins honnêtes et moins propres que les autres, les répandent furtivement, et qui ne sont rien moins que d'odieuses manœuvres ayant pour but de surprendre votre bonne foi.

Biondi. — Vous êtes le digne apôtre de la bonne morale.

Sampiero. — Je suis juste, et je veux le bien de mon département. Je veux chasser du temple les prêtres des faux dieux ; je veux renverser des idoles qui ne sont sacrées que parce que vous n'osez pas soulever le voile qui les couvre. Et, n'en doutez pas, l'état de choses actuel ne tardera pas à cesser en Corse, grâce à une jeunesse intelligente, instruite et laborieuse qui saura rétablir les droits de chacun. Déjà on ne se soucie guère plus du patronage de vos représentants ; ceux-ci n'ayant pas le prestige du talent, ayant perdu tout le crédit qu'ils devaient au système de la candidature officielle, n'ayant plus à leur service des créatures aveuglément dévouées, ne tarderont pas à disparaître de la scène politique.

Biondi. — Je reconnais que jusqu'ici vous avez réfuté mes objections avec succès. Mais, quelles que soient les fautes de l'Empire, il a encore fait trop de bien à la France pour que le pays ne lui en sache pas gré. C'est l'Empire, en effet, qui a donné un grand développement à nos chemins de fer, à notre commerce, à notre industrie et qui, par conséquent, a enrichi nos villes et nos campagnes, la Corse exceptée.

Sampiero. — Le gouvernement impérial n'a droit pour cela à aucune marque de reconnaissance. Dans notre siècle, il faut marcher avec le progrès. Du jour où les trésors de la science se sont répandus sur la surface de la terre, tous les pays civilisés ont dû couvrir leur sol de voies ferrées, et avoir recours aux services merveilleux que nous rend le télégraphe. Par suite de ces facilités de communications, le commerce et l'industrie ont pris une extension inconnue jusqu'alors, et la fortune publique a été considérablement augmentée, en raison même de l'accroissement de la fortune privée. Les peuples ne doivent donc aucune reconnaissance à leurs gouvernements, mais à la science seule, et tant que la science fera des progrès, les gouvernements ne pourront pas reculer, ni s'arrêter au milieu du mouvement général.

Il est inutile de vous faire remarquer ici que les travaux exécutés par M. Haussmann pour l'embellissement de Paris et dont nous parlions tout à l'heure, n'ont été que la conséquence de cette loi de progression.

Biondi. — D'après votre raisonnement, le commerce peut être prospère même sous la République ?

Sampiero. — Mais, sous elle, il l'est davantage. Voici des chiffres officiels :

Exportation :

En 1868, deux ans avant la chute de l'Empire............................. 2.789.900.000

En 1873, sous la République, deux ans après le rétablissement de l'ordre............................. 3.787.300.000

Importation :

En 1869............ 3.153.100.000
En 1872............ 3.570.300.000

Cela ne vous semble-t-il pas concluant ?

Biondi. — L'Empire dépensait beaucoup d'argent pour l'instruction publique.

Sampiero. — C'est une nouvelle erreur. Le budget de l'instruction publique était de 21.950.821 francs en 1868 et de 36.183.843, en 1874, c'est-à-dire à une époque où la France était appauvrie, amoindrie et écrasée d'impôts. Je ne crois pas nécessaire d'ajouter que ce même budget s'élève actuellement à près de soixante millions.

Biondi. — Il vous reste une explication à me donner. Pourquoi Monseigneur l'évêque d'Ajaccio a-t-il patronné M. Haussmann qui est protestant ?

Sampiero. — Oh ! vous m'en demandez beaucoup. Laissez-moi seulement vous rappeler tous les crimes commis, au nom de la religion catholique, contre les aïeux de ces mêmes protestants qui sont aujourd'hui honorés et respectés à bon droit.

Biondi. — Hélas ! l'histoire nous a révélé à ce sujet de grandes atrocités ; mais, vous l'avez dit, le progrès se marque par des larmes.

Sampiero. — A l'époque de ces persécutions, au moment de la Saint Barthélemy, les catholiques croyaient faire acte agréable à Dieu et acquérir des droits au paradis, en pourchassant, en assassinant, en brûlant ceux qui étaient pour eux des hérétiques.

Biondi. — Il faut convenir que la passion religieuse aveugle terriblement les esprits. Aujourd'hui on se demande avec étonnement comment on a pu se rendre coupable d'actes aussi monstrueux.

Sampiero. — Et, dans quelques années d'ici, on se demandera avec plus d'étonnement encore pourquoi l'idée républicaine n'a pas été acceptée plus tôt par tous les Français, sans exception.

Biondi. — Oui, mais cela ne me donne pas l'explication du patronage accordé par le clergé corse à

M. Haussmann. Un peu de logique. En dehors de l'Eglise catholique, il n'y a point de salut et, par conséquent, selon toute probabilité, Monseigneur et M. Haussmann iront après leur mort, le premier en paradis, et le second en enfer. Pourquoi donc Monseigneur a-t-il cru devoir favoriser la candidature d'un ennemi de sa religion? Pourquoi ne s'est-il pas abstenu?

Sampiero. — Par respect pour votre foi religieuse, je ne veux pas répondre comme je le pourrais. Mais j'espère que le clergé corse, s'il ne désire pas compromettre votre religion, aura la prudence une autre fois de se tenir à l'écart des partis.

Biondi. — Ma série de questions est épuisée, mon cher ami.

Sampiero. — Je vais me résumer. L'existence de l'Empire ou du despotime est devenue impossible, ainsi que je vous l'ai démontré. Or, si ce gouvernement ne peut plus revenir ni, en tous cas, s'établir solidement ; s'il est vrai que les personnages bonapartistes n'ont rien fait pour notre département et qu'ils nous seront encore moins utiles que jamais ; s'il est vrai qu'il n'y a point de déshonneur pour les Corses à abandonner un parti détesté du reste de la France, que c'est même un devoir pour eux d'agir ainsi ; s'il est vrai, en un mot, que nous avons tout intérêt à nous rallier à la cause de la République ; si, en outre, comme j'en suis convaincu, vous êtes définitivement gagné à cette cause, pourquoi hésitez-vous encore à l'embrasser ouvertement et franchement?

Biondi. — Votre raisonnement est irréfutable et je m'avoue vaincu. Mais vous n'avez pas détruit mes plus chères illusions, sans jeter un grand trouble dans mon esprit. Laissez-moi donc me recueillir un instant et réfléchir sur la nouvelle ligne de conduite que je dois me tracer ; car je veux tenir ma parole d'honneur et ne pas mentir à ma conscience.

Sampiero. — A votre aise, mon ami. Vous avez compris que mon langage ne m'a été inspiré que par votre intérêt seul et celui de nos concitoyens.

Et maintenant, une cordiale poignée de main, et au revoir !

Biondi. — Avant de nous séparer, je dois vous remercier, et je le fais bien sincèrement.

Sampiero. — Je ne mérite pas de remerciements. J'ai eu un véritable plaisir à causer avec vous et je crois n'avoir pas perdu ma journée. Je ne regrette qu'une chose : de ne pas pouvoir parler à tous nos compatriotes, afin de les prier de vouloir bien examiner sans passion la malheureuse situation morale et matérielle que nous devons à l'Empire, et afin de réveiller en eux l'esprit d'indépendance de nos pères, au sujet desquels un grand philosophe, J. J. Rousseau, disait : « La valeur et la constance avec lesquelles ce brave peuple a su recouvrer et défendre sa liberté mériteraient que quelque homme sage lui apprît à la conserver... J'ai quelque pressentiment qu'un jour cette île étonnera l'Europe. »

Biondi. — Les Corses seraient très-heureux de vous entendre.

Sampiero. — Aidez-moi donc à propager mes idées. Allons ! un acte de virilité ! Levez les yeux, regardez-les bien en face, ces bonzes politiques qui sont les ennemis naturels de nos intérêts ; vous font-ils peur ? Riez-leur au nez, et ils disparaîtront pour ne plus revenir. Quel beau jour que celui où vous vous serez émancipés en les rendant à la vie privée ! Voyez-vous notre île sillonnée par des chemins de fer que nous devrons, on ne saurait trop le répéter, à la sollicitude maternelle de la République ! Entendez-vous les frémissements de joie de toute une population pour qui commencera bientôt, grâce à ces voies ferrées, une ère de prospérité inconnue jusqu'à présent ! Heureux ceux qui verront cette transformation ! Alors, notre mère-patrie, cette France si grande et si chère à nos cœurs, aura l'orgueil de nous compter parmi ses enfants les plus dignes d'affection. Alors, débarrassés d'un patronage qui n'a rien produit et qui ne pourra jamais rien produire de bon, affranchis d'une tutelle qui vous assimile à des mineurs ou à des interdits, encouragés par la République qui ouvre son cœur à tous les hommes de bonne volonté et, respirant à pleins poumons l'air de la liberté, nos fils ne manqueront pas de se distinguer dans les Lettres, les Sciences, les Beaux-Arts, au Barreau et à la Chambre, comme tant d'hommes dont les noms vous sont connus. Car les Corses sont aussi intelligents que les autres Français et, comme les autres Français, ils acquerront leur part légitime de gloire et d'honneurs, dès que vous ne subirez plus la domination de tous ces personnages bonapartistes. Ceux-ci le savent bien. Aussi ne se lassent-ils pas de demander à grands cris le retour de l'Empire, dans l'espoir de s'éterniser de génération en génération dans les grandeurs. Oui, vous m'entendez bien, ils aspirent avant tout à se faire remplacer par leurs rejetons. Ils veulent que leurs héritiers soient à leur tour députés et sénateurs, tandis que nos enfants, au moins aussi méritants qu'eux, mais semblables, en cela, à des chiens auxquels on jette un os à ronger, devront s'estimer heureux de mendier humblement à leurs portes un emploi qui leur permettra tout juste de ne pas mourir de faim et qu'ils perdront, le jour où l'un de leurs parents n'aura pas voté pour le candidat officiel.

Corses, dont les ancêtres étaient tous des héros ! Corses, à qui il a été légué un héritage inaliénable de fierté et d'indépendance, secouez donc le joug de ces hommes politiques contre lesquels nos pères lutteraient, s'ils pouvaient revenir en ce monde, et qui vous oppriment d'une manière plus hypocrite, mais plus tyrannique que nos anciens maîtres, les Génois !

Biondi. — Eh bien, restons sur le souvenir de ces belles paroles. Voulez-vous maintenant me permettre de faire appel à ma mémoire et de transcrire cet entretien ?

Sampiero. — Dans quel but ?

Biondi. — Pour le publier. Il servira à fixer nos idées, et il nous facilitera beaucoup le succès de la propagande que je compte faire.

Sampiero. — Soit. *Sursum corda* !

Biondi. — Oui, *haut les cœurs* ! et en **avant** !

Imp. A. DERENNE, Mayenne. — Paris, boulev. Saint-Michel, 52.

9 782329 660257